الشّاشية السِّحْرية

أمل مْريصة

The Magic Fez

Tunisian Arabic Reader – Book 5
by Amal Mrissa

lingualism

ISBN: 978-1-949650-66-2

Written by Amal Mrissa

Edited by Lilia Khachroum and Matthew Aldrich

Cover art by Duc-Minh Vu

Audio by Amal Mrissa

website: www.lingualism.com

email: contact@lingualism.com

Introduction

The **Tunisian Arabic Readers** series aims to provide learners with much-needed exposure to authentic language. The books in the series are at a similar level (B1-B2) and can be read in any order. The stories are a fun and flexible tool for building vocabulary, improving language skills, and developing overall fluency.

The main text is presented on even-numbered pages with tashkeel (diacritics) to aid in reading, while parallel English translations on odd-numbered pages are there to help you better understand new words and idioms. A second version of the text is given at the back of the book, without the distraction of tashkeel and translations, for those who are up to the challenge.

New to this edition: the English translations have been revised for improved clarity and accuracy. Each story now also includes **20 comprehension questions** with example answers to help reinforce your understanding of the text. A **sequencing exercise** is provided as well, where you'll put ten key events from the story back in their correct order. These additions make the book even more useful for self-study, classroom use, or group discussions.

Visit www.lingualism.com/audio, to stream or download the free accompanying audio.

This book is also available in Modern Standard Arabic at www.lingualism.com/msar.

الشّاشية السِّحْرية

الشْتاء جا وجاب مْعاه برْدو وريحو وعْجاجو، وجاب مْعاه زادا المْطر الغدّارة، اللي مرّة تمْطّر ومرّة تسْحى، وزيدْهُم فَيَضانات العاصْمة، والنّاس الخايْفة مِالماء، والقْطاطِس المتْخُبّيَة تحْت الكْراهِب والعْجالي والشْجر.

ولكِن أحْمد ما لْقاش بْلاصة يِتْخبّى فيها، وما عنْدوش كرْهْبة باش يْروّح بيها، وْأصْلاً ما عنْدوش لْوين يْروّح، وْما يِحْلِمْش باش يِشْري كرْهْبة. المِسْكين طول عُمْرو فْقير وزوّالي وما عنْدوش وين يكِنّ راسو. يْدور في شْوارع بارْدو كيما القْطاطِس، وياكِل مِالزِّبْلة كيما القْطاطِس، أمّا ما عنْدوش فرْو كيما القْطاطِس، وْما يْنجّمْش يِتْخبّى تحْت الكْراهِب وبين العْجالي.

أحْمد يحِبّ الغْناء برْشا وْعنْدو صْوَيِّت، تلْقاه يِتْمشّى تحْت المْطر ويْغنّي فيرْوز وأُمّ كُلْثوم وبوشْناق، وغْناء كافي وغْناء ساحْلي، وهُوَّ يُرْعُش مِالبرْد.

The Magic Fez

Winter has come, and it brought with it its cold, wind, and dust. It has also brought its tricky rain, which rains on and off. Add to them the floodings of the capital, and people who are scared of water, and cats that are hidden under cars, tires, and trees.

Ahmed, however, could not find a place to hide in, and he doesn't own a car to go home because he has no home, and he can't even dream of affording a car. The poor guy has always been poor and miserable and has no place to rest his head. He wanders the streets of Bardo like the cats, and eats from the trash like the cats, but unlike the cats, he doesn't have fur and can't hide under the cars and between the tires.

Ahmed loves singing and has a sweet voice. You can find him walking in the rain, singing Fairuz, Umm Kulthum, Boushnak, songs from El Kef and El Sahel—while shivering from the cold.

وَما يِحِنّ عْليه حدّ. أحْمد ما يْلومِش النّاس، أصْلاً كُلّ فول لاهي في نوّارو، هاوْ هذا كرْهبْتو تْسرْقِت، هاوْ هذا واحِل في الأمْبوتيّاج عنْدو ساعة لين هزّو النّوم، هاوْ هذا يِجْري مِن بْلاصة لِبْلاصة وْما وِقْفِتْلو حتّى تاكْسي، وغيرْهُم.

هذاكا اللي كاتِبْلو - مكْتوبْلو الفقْر وِالبرْد. ميسالِش. شْهيرّين تْلاثة ويوفى البرْد ويْجي الرّبيع، وأحْمد يْوَلّي معادِش يُرْعُش مِالبرْد.

الشّتاء ليلو طْويل ويْجوّع، وأحْمد جاع وْكِرْشو تْوَزْوِز، شاهي شورْبة وبْريك بِالتُّن، وصْحينّ كفْتاجي سْخون وطاجين. وَلكِن يا ليتو، آخِر مرّة كْلى فيها الكفْتاجي الشْهر اللي فات، ووَقْتْها بْقى يِتْفرِّج على طُفْلة وهِيَّ تاكِل في الكفْتاجي، وْكْلى مْعاها بْعينيه.

جات نُصّ اللّيل، البْلاد ركْحِت شْوَيّة والنّاس شدِّت دْيارْها، إلّا أحْمد واللي كيفو، بْقى يِتْمشّى في باردو باش يْلهّي روحو وما يْحِسِّش بِالجوع، وتْعدّى قُدّام متْحف بارْدو.

أيْ أيْ، متْحف بارْدو العظيم مْتاع تونِس العظيمة، قدّاش يْلِمّ تْوارِخ وحضارات، وقدّاش تْعدّاوْ عْليه عْباد، وقدّاش زِبْلْتو كي بيها كي بْلاش،

Audio Track Timestamp: [1:02]

No one shows him compassion. But Ahmed doesn't blame people—everyone is caught up in their own troubles. One's car got stolen. Another has been stuck in traffic for an hour and fell asleep. Yet another runs from place to place, and not even a taxi stops for him. And so on.

That's what life wrote for him—his fate is poverty and cold. It's okay. In two or three months, the cold will pass, spring will come, and Ahmed will stop shivering.

Winter nights are long and make you hungry. Ahmed was hungry, his stomach rumbling. He craved soup and tuna brik, a hot plate of kafteji, and some tajine. But alas! The last time he ate kafteji was last month. That time, he stood watching a girl eating kafteji, and he ate kafteji with her—with his eyes.

It was midnight. The city had quieted down a bit, and people had returned to their homes—everyone except Ahmed and those like him. He kept walking around Bardo to distract himself and not feel hungry. He passed by the Bardo Museum.

Yes, yes—the great Bardo Museum of great Tunisia. How much history and how many civilizations it holds, how many people have passed through it—and how useless its trash bin is!

لا تُسْمِنْ ولا تُغْني مِن جوع. ما فيها ما يُصْلُح، كان الغْبابِر والتّْراب وشْوَيّة بْلاسْتيك مْكسّر، وكان عنْدِك الزّْهر، تلْقى باكو بيتْزا ما فيه حتّى كعْبة بيتْزا، ما علْيك كان تْشِمّ ريحِتْها وتمْشي علْى روحِك.

المُنظّف مْتاع المتْحف خْرج ومْعاه البوبالة، وحطّْها البرّة ورْجع مزْروب خاطِرْها بْدات تمْطّر. المرّة هذي البوبالة بايْنة مِلْيانة، وأحْمد قال في نفْسو: "مْمْم... مانيش خاسِر شَيْ، خلّيني نْشوف نلْقاشي فيها لُقْمة."

قصّ أحْمِد الكيّاس ووْصِل لِلزِّبْلة، وبْدا يِفْرِز فيها، والمرّة هذي لْقى حْوايِج قْدُم، لْقى مرْيول عُثْماني وسِرْوال واسِع ما فِهْموش شْنُوّا، فلْبِسْهُم وطيِّش حْوايْجو المبْلولين، وزاد فْرِز وفْرِز لين لْقى شاشية[1] حمْراء مْغبّْرة، بلّْها تحْت المْطر شْوَيّة باش يْنحّي مِنْها الغبْرة، ثمّ لْبِسْها.

هُوَّهكّاكا واقِف عالكيّاس بْجنْب الزِّبْلة، فجْأة وِقْفولو التّاكْسِيات والكْراهِب الكُلّ، وهْبط تاكْسيسْت يْصيح: "سيدي الباي[2]، آنا شُفْتِك الأوِّل، آنا اللي باش نْوصّْلِك."

It neither fills you up nor satisfies hunger. There's nothing useful in it—just dust, dirt, and some broken plastic. If you're lucky, you might find a pizza box with not a single piece of pizza in it. All you can do is sniff the smell and move on.

The museum janitor came out with the trash and set it outside before rushing back inside because it had started raining again. This time, the trash bin looked full, and Ahmed thought to himself, "Hmm... I have nothing to lose. Let me check—it might have something to eat."

Ahmed crossed the street and got to the bin. He started going through it. This time, he found some old clothes: an Ottoman-style shirt and a pair of wide pants he didn't even understand. He put them on and threw away his wet clothes. He kept digging and digging until he found a dusty red fez. He rinsed it a little in the rain to remove the dust, then put it on.

Just like that, standing by the roadside next to the trash, suddenly all the taxis and cars stopped in front of him. A taxi driver jumped out and shouted, "My Bey, I saw you first! I will be the one to drive you!"

---

[1] A 'shashiya' (or chechia) is very similar to the fez (or tarboosh), a felt hat in the shape of a short, flat-topped cylinder, as seen on the cover of this book. Because 'fez' is better known to English speakers, we decided to use this translation throughout the book.

[2] A 'bey' is the title for Tunisian monarchs, who ruled over Tunisia from 1705 until the monarchy was abolished in 1957.

فهْبط تاكْسيسْتي آخر وقال: "لا لا لا يا سيدي الباي، آنا شُفْتِك مِن بْعيد، أطْلع مْعايا نْوصّْلِك لآخِر الدِّنْيا وما نرْتاحِش."

وهْبط راجِل آخِر مِن كرْهبْتو وقال: "سيدي الباي، الكرْهْبة كرْهبْتِك وما عْليك كان تْؤْمُر. مانيش مْروّح لْمرْتي وصْغاري اللّيلة إلّا ما نْضيّْفِك عنْدي. بْربّي يْعيّْشِك يا سيدي الباي، إيجا نْوصّْلِك ونْضيّْفِك."

ومِن بين الكْراهِب الكُلّ، تْعدّات كرْهبْة الحاكِم، هْبط البوليسي وقال: "إيجا، إيجا، إيجا أطْلع مْعايا." وصاح عالبْقية، ولكِنّْهُم ما حبّوش يمْشيوْ، وبْداوْ يِجْريو لأحْمد. أحْمد خاف وترْبِث وما فْهِم شَيْ، عْطى عْلى ساقيه وهْرب يِجْري، يِجْري، يِجْري، وتْخبى في زنْقة مِالزّْناقي، وهوما يْلوّْجو عْليه وما لْقاوْهوش.

"يا سيدي الباي، إيجا نْوصّْلِك، يا سيدي الباي، أُخْرُجْلي، يا سيدي الباي وينِك؟ يا سيدي الباي ما نْروّح إلّا ما نلْقاك"

وأحْمد لاصِق لِلْحيط. المِسْكين دْخل بعْضو وما فْهِم شَيْ، وقال لْروحو: "أكيد اللّبْسة تافْهة وضحّْكِتْهُم عْليّا، وحبّو يعْمْلو عْليّا جوّ. هاني باش انّحيه المرْيول ونْدور عِرْيان، واللي مازال يضْحك عْليّا نْورّيه."

[3:16]

Another taxi driver got out and said, "No, no, no, my Bey—I saw you from afar! Come with me. I'll take you to the ends of the earth without rest."

Then another man got out of his car and said, "My Bey, this car is yours. All you have to do is give the word. I'm not going home to my wife and kids tonight unless I can host you. Please, my Bey, let me drive you and welcome you to my home."

Among all the cars, a police car drove by. A police officer got out and said, "Come on, come on—get in with me." He shouted at the others to move, but they refused to leave and instead started running toward Ahmed. Ahmed got scared, panicked, and didn't understand what was happening. He took off running—running and running—until he hid in one of the alleys. They kept searching for him, but couldn't find him.

"My lord! Let me drive you. My lord, come out to me. My lord, where are you? My lord, I'm not going home until I find you!"

Ahmed was pressed up against a wall. The poor guy was confused and didn't get what was going on. He said to himself, "It must be this ridiculous outfit. They're laughing at me and messing with me. I'll take off this shirt and walk around half-naked. Let anyone who still laughs at me see what happens."

نحّى أحْمد المرْيول والشاشية، وخْرج البرّا، مِتْحزّم ومْنرْفز ومِسْتعدّ يْركّح بونْية في أوّل عبْد يْعرْضو.

فشافو البوليسي فجْأة، ومْشالو يِجْري وداخِل بعْضو، وقالّو: "شُفْتْشي الباي؟ ما شُفتوش؟ هاوْكا لابِس شاشِيّةْ الباي. إيجا لوّج مْعايا عالباي، نعْطيك اللي تْحِبّ."

"لا الحقّ ما شُفْتوش."

"بْربي هاوْ نومْرويا، وأوّل ما تْشوف الباي قُلّي."

"ياخي مازالو البايات موْجودين؟"

"يِزّي يا راجِل لا يِسْمْعِك سيدْنا الباي، وتترْصالِك مْعلّق في باب بْحر[1]. كْلام هذا ما عادْش تْعاوْدو، واحْترِم كْبيرْنا لا تِتْباصى. سيدْنا الباي وشاشيتو المبْروكة. ربي يْفضّلْهولْنا. وآش خصّني يخْسر عْلِيّا غزْرة ويْوِدّني بْتبْسيمة."

هوما هكّاكا واقْفين تحت ضوّ البوتو، ويُخْرْجِلْهُم التّاكْسيسْت، مرْهوج وحالْتو تْسخّف، تْقول خارِج مِن عرْكة نبّاش القْبور، دبْشو مْقطّع ووِجْهو يُقطُر بِالعْرق.

[4:28]

Ahmed took off the shirt and the fez. He walked back out into the open, feeling tense and frustrated, ready to throw a punch at the first person who crossed his path.

Then the police officer suddenly spotted him, ran up to him, all flustered, and said, "Have you seen the Bey? You haven't seen him? He's wearing the Bey's fez. Come help me look for him—I'll give you whatever you want."

"No, honestly, I haven't seen him."

"Here's my number. Please call me as soon as you see the Bey."

"Wait, do Beys still exist?"

"Shh! Don't let our Bey hear you say that, or you'll end up strung up at Bab el Bhar! Don't repeat such talk. Show respect to our leader or you'll get in trouble. That's our Bey—and his blessed fez. May God preserve him for us. If only he would look at me once... give me just one smile..."

As they stood there under the streetlamp, a taxi driver showed up, staggering and in rough shape. He looked like he'd just crawled out of a graveyard brawl—his clothes were torn, and sweat was dripping from his face.

---

[1] باب بْحر Bab el Bhar (lit. the Sea Gate), a city gate in Tunis, marks the border between the old city (the Medina) and the modern neighboring district.

كيف شاف أحْمد والبوليسي، قْرُبِّلهُم بِالشّْوية، وبْلع ريقو وسْألْهُم: "الباي. الباي وين مْشى؟ شُفْتوه الباي؟ لابِس الشّاشية العُثْمانية الحمْراء، وخْرج قْبيلة مِن متْحف بارْدو، رْجع لِلدِّنْيا كايِنّو تولِد امْبارح، وتْبسّمْلي تبْسيمة ما ننْساهاش، واش خصّ كان يْودِّني بْغزْرة مِن غزْراتو، ويْخلّيني نْشِمّ ريحِةْ الشّاشية. آنا اللّيلة ما نْروّح إلّا ما نلْقاه. قولولي، شُفْتوه؟"

همْم... أحْمد بْدا يِفْهِم الحْكاية شْوَيّة. بِرْجولية، حالِةْ البوليسي والهيسْتيرْيا مْتاع التّاكسيسْت موش مْتاع تفذْليك والّا لعْب ماسِط، وتالْمون أكّْدو عالشّاشية، يبدو إنّو الشّاشية سبيسْيال شْوَيّة، وهِيَّ اللي خلّاتْهُم يْشوفوه عْلى أساسهُوَّباي والّا حاجة هكّا. زعْمة شْنية حْكايِتْها هالشّاشية؟

أحْمد سْكِت وخمّم شْوَيّة، ومْبعد غْزر لِلبوليسي والتّاكسيست وقالِلْهُم: "يُظهُرْلي شُفْتو دْخل مِن هوني." ونعتِّلْهُم بْصُبعو لْنهْج مِالأنْهْجة. البوليسي والتّاكسيست قامو يِجريوْ لِلنّهْج هاكا، وخلّاوْ أحْمد وَحْدو.

أحْمد رْجع للترّكينة اللي كان مِتْخبّي فيها، ولوِّج عالشّاشية ولْقاها. طْواها عْلى اثْنين وخبّاها تحْت مرْيولو، وخْرج لِلشّارع. قْعد يِمْشي لين وْصِل لفندق معْروف.

[5:24]

When the taxi driver saw Ahmed and the police officer, he slowly approached them, swallowed hard, and asked, "The Bey. Where did the Bey go? Did you see the Bey? He was wearing the red Ottoman fez and left the Bardo Museum a little while ago. He came back to life like he was born yesterday, and he smiled at me—a smile I'll never forget. All I wish for is a glance from him, just to get a whiff of that fez. I'm not going home tonight until I find him. Tell me—did you see him?"

Hmm... Ahmed started to understand what was going on. Honestly, the state of the cop and the taxi driver didn't seem like they were joking or messing around. And the way they insisted on the fez— there must be something special about it. Maybe that's why they saw him as a Bey or something. What's the story behind this fez?

Ahmed stayed quiet, thought for a bit, then looked at the cop and the taxi driver and told them, "I think I saw him go in there." He pointed toward one of the alleyways. The cop and the taxi driver took off running into the alley, leaving Ahmed alone.

Ahmed went back to the spot where he had been hiding and looked for the fez—and found it. He folded it in two, hid it under his shirt, and walked out into the street. He kept walking until he reached a well-known hotel.

كيف جا يُدخُل، طرّدوه بِالوَقْت. "أُخْرُج عْلينا يا امّسّخ، يا خامِج، تَوْ هذا منْظر تُدْخُل بيه لِلوْتيل مْتاعْنا؟" هكّا قالولو في الاستقبال، ولكِن أحْمد ما حسّهاش مِنْهُم خاطِر هذاكا الكلام اللي يسْمْعو يَوْمِيّاً.

بْعِد أحْمد عالوْتيل شْوَيّة، وجْبد الشّاشية ولْبِسْها، ورْجع لِلْوْتيل. الدِّنْيا قامِت، البيبان تْحلِّت، والأصْوات طلْعِت: "يا سيدي الباي، وين تْحِب تْبات؟ يا سيدي الباي شرّفْتْنا وشرّفِتْنا زِيارْتِك، يا سيدي الباي شْنُوّا تْحِب تاكِل؟ نعْطيوِك توّا أحْسن سْويت عنّا، واللي تُطْلبو الكُلّ يْجيك ليديك يا سيدي الباي."

أحْمد ما صدّقش الموْقِف، وكيف جا باش يِتْكلّم، حسّ بْصوتو غْلاظ وظهْرو تِسْتْوى، وقالِلْهُم: "نْحِب السّويت اللي تْطُلّ على متْحف باردو، ونْحِب شورْبة دافْية وأبن حاجة تِخْتصّو فيها. وتو نعْطيكُم رايي مْبعّد."

الوْتيل الكُلّ تْحرّك، السّتاف تِكْبِس وبْدا يِخْدِم في خِدْمْتو، المُنظّفين والمُنظّفات قامو يمْسْحو، ومولى الوْتيل شخْصِيّا كلّم الاستقبال وقاللهم: "هاني جايّ باش نقابل هالشخص اللي عاملين على خاطرو هذا الكل."

As soon as he tried to enter, they kicked him out. "Get out of here, you filthy bum! You think you can walk into our hotel looking like that?" That's what they said at the reception—but Ahmed didn't take it personally. It was the kind of thing he heard every day.

Ahmed walked a little away from the hotel, pulled out the fez and put it on, and went back in. Suddenly, everything changed. Doors flung open, and voices rose: "Lord Bey, where would you like to stay? Lord Bey, we are honored by your presence. What would you like to eat? We'll give you the finest suite we have, and anything you ask for will be brought right to you, Lord Bey."

Ahmed couldn't believe what was happening. And when he started to speak, he felt his voice deepen and his back straighten. He told them, "I want the suite that overlooks the Bardo Museum. And I want hot soup and the best dish you have. I'll let you know what I think afterward."

The whole hotel sprang into action. The staff straightened up and got to work. The cleaners jumped in and started wiping things down. The hotel owner personally called the reception and said, "I'm coming to meet the person who's causing all this buzz."

أحْمد طْلع لِلسّويت، ونحّى حْوايْجو، وعْمل دوش سْخون لأوّل مرّة مِن عِشرين سْنة، ومسّ مْخدّة نْظيفة وطْرية لأوّل مرّة مِن عِشْرين سْنة، وقْعد على فرْش كْبير ومِرْتاح بعْد ما عدّى عُمْرو كامِل يُرْقُد عالسّيمان والياجور ويِتْغطّى بِالفضْلة مْتاع المْلاحِف اللي يلْقاهُم مْطيّشين في الشّارِعْ نْهارِهْ اللي يُنْصْبو الفْريب.

أحْمد المرّة هذه اسْترْخى ورتّح أعْصابو، وحسّ روحو في حِلْمة، وتْغطّى وتدفّى، لين دقّو عْليه الباب وجابولو الماكْلة اللي طْلبْها: شورْبِةْ فْريك سْخونة ريحِتْها تْفحْفِح، وكفْتاجي فْرِشْك ومْحرْحِر، وبْريك بِالعضْمة، وسْلاطة خضْرة، وسْلاطة مِشْوية، وسْلاطِةْ أُمُّك حورية، وسْلاطِةْ بْلانْكيت، ومقْرونة بِالكْروفات، وعْصيدة زْقوقو، وعصير بُرْتُقال، وأنْواع الغلّة اللي تْخيّلها أحْمد في مُخّو الكُلّ. أحْمد ليلِتْها كْلى وكأنّو عُمْرو لا كْلى قْبل، وكينُّها آخِر ليلة باش ياكِل فيها. ما خلّى شَيْ. كُلّ شَيْ مسْحو.

وبعْد ساعة ونُصْف تقْريباً، رْجع السّتاف باش يْهِز الأُصْحْنة، وسِألو الباي: "سيدْنا الباي، عِجْبِك العْشاء؟ الكْروفات بْعثْنالِك شْكون يِصْطادْها بِالذِّمّة، والغلّة جاتْنا فْرِشْكة مِالسّانية، والسّلايِط والمقْرونة طيّبْتْهُم شاف معْروفة وكْبيرة في العُمْر، تعْطي لكُل حاجة كارْها وما تْعدّي الماكْلة إلّا ما تاكِل مِنْها هِيَّ وتِشْبع."

[7:40]

Ahmed went up to the suite, took off his clothes, and had a hot shower—for the first time in twenty years. He touched a clean, soft pillow—for the first time in twenty years. He lay on a big, comfortable bed after spending his entire life sleeping on pavement and bricks, covered with discarded blankets he found tossed on the street during flea market days.

This time, Ahmed truly relaxed and let his nerves rest. He felt like he was dreaming. He wrapped himself in the covers and warmed up until there was a knock at the door—they brought the food he had ordered: hot freek soup with a rich aroma, fresh and spicy kafteji, a brik with a runny egg, green salad, grilled mechouia salad, ommok houria salad, blankit salad, pasta with shrimp, zgougou pudding, orange juice, and every fruit Ahmed could imagine. That night, Ahmed ate like never before—as if it was his first and last meal. He left nothing. Every bite was gone.

About an hour and a half later, the staff came back to collect the plates and asked the Bey, "Your Majesty, did you enjoy your dinner? We had someone catch the shrimp just for you. The fruit came fresh from the orchard. And the salads and pasta were cooked by a famous, elderly chef—she pours her heart into every dish. She only serves food after tasting it herself to make sure it's perfect."

“أيْه، والله يعْطيكُم ألْف صحّة، الشّورْبة عجْبِتْني أكْثر حاجة الحْقيقة. دافْية وبْنينة ومْفوّحة بِالقْدا، ولكِن كان بْوِدّي لو نْحلّي بِشْوَيّة مانْغو زادا. قولو لِلشاف يعْطيك ألْف صحّة.”

“مانْغو؟ توّا نْجيبولِك المانْغو سيدْنا الباي.”

المانْغو غلّة نادْرة في تونِس، ما يِتباعِش وين يْجي وفي الأوْقات الكُلّ، وغالِباً يكْون مِسْتوْرِد وغالي وماهوش فرِشْك، ولكِن الوْتيل كان مُصِرّ إنّو يْجيب المانْغو لِلباي، فتْواصْلوا مْع المُورّدين الكْبار مْتاع البْلاد، وجابولو المانْغو مْزيّن في طْبق. أحْمد كان يِسْمع بِالمانْغو سْمع، وعُمْرو لا شافو ولا ذاقو مِن قْبل.

هْبط عالغلّة كيف المكْلوب وما خلّى فيها شي، وكِرْشو تْنفّخِت بِالماكْلة، وراسو رْزُن، فاتّكّى عالفرْش ونحّى الشّاشية وعنّقْها ورْقد. أوّل مرّة يُرْقُد في سْرير لائِق، وأوّل مرّة يُرْقُد مرْتاح، وأوّل مرّة يُرْقُد مِن غير خوف، وأوّل مرّة يُرْقُد مِتدفّي.

في الحْقيقة، أحْمد ما كانِش طالِب إنّو يِتْعامِل كباي، ما كان طالِب كان فرْش يْكِنّ عْليه راسو وماكْلة تْشبّعْلو كِرْشو. اللّهُ أعْلم شْنية حْكايِتْها هالشّاشية ومْنين جات وعْلاش طاحِت بين يْديه، ولكِن هذا ما يْهِمِّش.

"Yes, a thousand thanks! Honestly, I liked the soup the most. It was warm, delicious, and richly seasoned. But I would have liked to finish with a bit of mango too. Please thank the chef for me."

"Mango? We'll get you mango right away, Your Majesty."

Mango is a rare fruit in Tunisia. You can't just find it anywhere or anytime. It's usually imported, expensive, and not very fresh. Still, the hotel insisted on getting mango for the Bey. They contacted top suppliers in the country and brought him a beautifully plated serving. Ahmed had only ever heard of mango—he'd never seen or tasted it before.

He went after that fruit like a starved man. He left nothing behind. His belly was full and heavy, his head groggy. He lay down on the bed, took off the fez, hugged it, and fell asleep. It was the first time he had ever slept in a proper bed, the first time he slept peacefully, the first time he slept without fear, and the first time he slept warm.

In truth, Ahmed never asked to be treated like a Bey. All he wanted was a bed to rest his head and food to fill his belly. Only God knows the story behind this fez, where it came from, and why it ended up with him—but none of that really matters.

المُهِمّ إنّو الشّاشية العجيبة عنْدو هُوَّ توّا، وإنّو أخيراً بْدا يْحِسّ في روحو إنْسان، وكْلى الشّورْبة اللي يِشْتْهيها كُلّ شْتاء وما ياكِلْهاش، وكْلى الكْروفات والعْصيدة والسْلايِط الكُلّ. المُهِمّ شبّع كِرْشو، والمُهِمّ باش يُرْقُد-أخيراً، أحْمد باش يُرْقُد مِتْدفّي.

اللّيلة تْعدّات سلامات، وأحْمد رْقد وعنّق الشّاشية العجيبة وما سيّبْهاش. قام الصْباح وحلّ باب البيت، ولْقى الشّعْب الكُلّ شادِد الصّفّ: الطّباخين، المُنظْفين والمُنظّفات، مولى الوْتيل شخْصِيّا، ومْعاهُم صحفيّين وكاميراوات تابْعين لْبرْشا قنوات تونْسية. أحْمد تفْجع وعاوِد سكّر الباب على روحو، ولكِنّ الجْماعة ما سيّبوهوش.

"سيدْنا الباي، حِلّ الباب يْعيْشِك باش نحْكيو مْعاك شْوَيّة."

"سيدْنا الباي، حاشِتْنا مِنّك بْكْليمة وَحْدة، ومْبعْدْها نْخلّيوك ترْتاح."

"سيدْنا الباي، جِبْنالِك فْطور الصْباح."

"سيدْنا الباي، جينا انّظْفولِك بيتِك."

"سيدْنا الباي، آنا السْتيليسْت مْتاعِك، جِبْتْلِك حْوايْجك الملكية."

أحْمد خاف. شْباش يعْمل؟ يْنقّز مِالشّبّاك؟ مالإيتاج الثّامِن؟ باش كيف تِتْنحّالو الشّاشية في الهْواء ويمْوت، ما يِتْلفّتْلو حدّ؟

[10:15]

What matters is that the magical fez is now his, and for once, he felt human. He finally got to eat the soup he longed for every winter but could never afford. He ate shrimp, pudding, every kind of salad. What mattered was that he filled his belly. What mattered was that he was going to sleep—finally, Ahmed was going to sleep warm.

The night passed in peace. Ahmed slept soundly, holding the magical fez and not letting it go. In the morning, he opened the door to find a crowd lined up: cooks, cleaners, the hotel owner himself, and with them, journalists and TV cameras from several Tunisian channels. Ahmed was startled and slammed the door shut—but the crowd didn't give up on him.

"My lord! Please open the door so we can talk to you for just a moment."

"My lord! We just need a single word from you. After that, we'll let you rest."

"My lord! We've brought you your breakfast."

"My lord! We came to clean your room."

"My lord, I'm your personal stylist. I've brought your royal garments."

Ahmed was scared. What was he supposed to do? Jump out the window? From the eighth floor? What if the fez flew off his head mid-air, and then no one would care about him anymore?

دُوّيو! ما نْعيشوش مرّتين. هذي هِيَّ فُرْصِةْ أحْمد باش يْوَلّي غْني ومعْروف، ويحْكيو عْليه النّاس الكُلّ، ويِتْعامِل كأنّو باي بِالرّسْمي. هُوَّ مِالأُوِّل ما كانِش طالِب شَيْ كان شْوية دْفى وماكْلة، ولكِن توّا أحْلامو كبْرِت، وولّى يْحِبّ عالشُّهْرة زادا. وبرّا كان فاقو بيه في اللِّخّر؟ ما عنْدْهُم ما يعْملولو. هوما اللي اسْتدْعاوِه لِلْوْتيل وهوما اللي اسْتدْعاوِه لِلتّلْفْزة. هُوَّ ما طْلب شَيْ، ما عْمل شَيْ.

أحْمد اسْتجْمع أنْفاسو، وتْنفّس مْليح مْليح، وكْبِس الشّاشية فوق راسو، وخْرجِّلْهُم. بيتو تْنظْفِت، والسْتيليسْت لبْسو حْوايْجو الملكية المطْروزة بِالذّْهب والفِضّة، والحجّام ركّحْلو لحيتو وشلْغومو. في اللِّخِر، خْرج الباي باي بِالفُم والمْلا: لبْستو مِضْخْمة، ريحْتو مذْخْمة، موسْتاشو مِذْخِم، ووهْرْتو وهْرِةْ باي طالع مِالقرْن التُّسعْطاش.

صار توّا وَقْت اللِّقاء الصُّحْفي. تونِس الكُلّ تِسْتنّى فيه والتّْلافِز الكُلّ تحْكي عْليه. الباي أحْمد طْلع عالمارْساديس ووْراه أُسْطول وقُدّامو أُسْطول. الشْوارِع فِرْغِتْلو والنّاس وِقْفِتْلو تْصوّر فيه وتْعيّطْلو.

وأحْمد بْدا يْصدّق في روحو. طلّع يِدّو مِالشِّبّاك وبايْبالْهُم، فزاد صْياحْهُم، ورفْعولو تْصاوْرو، وقالو شِعارات، وطالْبو بْتغْيير النِّظام، وأحْمد مِتْبسّم وشايِخ وعايِش اللّحْظة.

[11:23]

No way! We only live once. This was Ahmed's chance to become rich and famous, to have everyone talk about him and treat him like a real Bey. At first, all he had wanted was a little warmth and food—but now, his dreams had grown. Now he wanted fame, too. And even if they figured it all out later—so what? What could they do to him? They were the ones who invited him to the hotel. They were the ones who brought the cameras. He hadn't asked for anything. He hadn't done anything.

Ahmed gathered his breath, took a deep inhale, pressed the fez tightly on his head, and went out to face them. His room was cleaned. The stylist dressed him in royal clothes embroidered with gold and silver. The barber styled his beard and curled his mustache. In the end, the Bey emerged—truly a Bey in every sense: finely dressed, smelling expensive, with a grand mustache and the aura of a Bey straight out of the 19th century.

The day of the televised interview had come. All of Tunisia was waiting, and all the TV channels were talking about it. Bey Ahmed got into the Mercedes, with a fleet of cars behind him and another in front. The streets were cleared for him, and crowds stood to photograph and cheer for him.

Ahmed began to believe it all. He raised his hand out the car window and waved to them. Their cheering grew louder. They lifted up pictures of him, chanted slogans, and called for a change to the system. Ahmed smiled, delighted, and fully embraced the moment.

وْصِل الأُسْطول الملكي لْمقرّ التّلْفْزة الوَطنية، وهبْطو عْليه الصّحفيين بِالتّْصاور والأسْئْلة، ولكِنو ما جاوِب عْلى شَيْ بِما إنّو ما يعْرف شيْ! وأخيراً، دْخل لِلْمقرّ، وبْدا اللِّقاء التّلْفزي مْع المُنشِّط ومْعاه مجْموعة مِن أكْبر السِّياسيّين التّونْسيّين.

"سيدْنا الباي، شرّفْنا حْضورِك. زيد عرّفِلْنا بْروحِك شوَية؟ نْحِبّو نْعرّفو العالم اللي قاعِد يِتْفرِّج فينا بِالباي مْتاعْنا وْنْفاخْرو بيه."

الباي قالْ: "آنا الباي أحْمد، عُمْري خمْسة وثْلاثين سْنة، ونْحِب الشّورْبة."

"هِهِه! ضحّكْتْنا سيدي الباي. أحْنا زادا نْحِبّوها شُرْبِتْنا التّونْسية ونْحِبّوك تْزيد تحْكيلْنا على روحِك."

"الشُّرْبة نْحِبّها دْياري وسْخونة وفيها برْشا خُضْرة ودْجاج، وْيا حبّذا تْكون شورْبة فْريك، هاكي مْتاع رُمْضان، ومْعاها بْريك بِالتُّن وِالعْضم الرّايِب، وْكْوَيِّس كوكا."

"سيدْنا الباي، حتّى أحْنا نْحِبّوها ماكْلِتْنا التّونْسية ونِفْتخْرو بيها برْشا برْشا، وَلكِن نْحِبّو نْزيدو نعْرْفوك أكْثر. وَقْتاش شرّفْت تونِسْنا وجيتْنا؟ وعْلاش بعْثِك ربّي لينا؟"

[12:39]

The royal motorcade arrived at the headquarters of national television. Journalists swarmed him with photos and questions, but he didn't answer any—because he didn't know what to say! At last, he entered the building, and the televised interview began, with the host and a group of Tunisia's top politicians.

"Our honorable Bey, we are honored by your presence. Could you introduce yourself a little? We want to present our Bey to the world that's watching us, and we're proud of you."

The Bey said, "I am Bey Ahmed. I'm 35 years old, and I love soup."

"Haha! You made us laugh, Bey! We love our Tunisian soup too. But we'd also love to hear more about you."

"I like soup to be homemade, hot, with lots of vegetables and chicken. Preferably freek soup, like we eat in Ramadan—with a breek filled with tuna and a runny egg—and a cold glass of Coke."

"Our Bey, we also love our Tunisian food and are very proud of it. But we'd like to get to know you more. When did you arrive in Tunisia? And why do you think God sent you to us?"

"آنا... آنا جيت لْتونِس امْبارح في اللّيل. هبّطْني ال...الطّيارة قُدام متْحف بارْدو، ومْشيت لِلْوْتيل."

"هبّْطِتِّك الطّيّارة قُدام متْحف بارْدو! وانْتي مِن آنا فترْة زمنية رْجعْتِلْنا يا سيدْنا الباي؟"

"مِن... مِن عهْد الرّسول، القرْن... القرْن خْمُسْطاش."

"القرْن خْمُسْطاش! عاد بايات تونِس جاوْ في القرْن تْسعْطاش يا سيدْنا الباي."

"أي، آنا جدّْهُم الأُوِّل. ماكْش قاري تاريخ؟"

"قاريه يا سي..."

"لا ماكْش قاري تاريخ بْلادِك وجاهِل وما تعْرفْش تْكلّم أسْيادِك، وهذا دليل على إنّو المنْظومة التّعليمية في تونس ماشْية وتِنْدثِر، والدّليل هُوَّ ناس كيفِك تِجْهِل تاريخ بْلادْها تِتْكلّم في التّلْفْزة وتْوجّه في الرّاي العام؟!"

"سامحْني سيدي الباي عنْدِك الحقّ. عندِك ألْف حقّ. آنا جاهِل بْتاريخ بْلادي ولازِم نْزيد نقْرا عْليه. سامحْني سيدي الباي وسامْحوني المُشاهْدين والحاضْرين الكُلّ."

[13:40]

"I... I came to Tunisia last night. The... the plane dropped me off right in front of the Bardo Museum. Then I went to the hotel."

"The plane dropped you off in front of the Bardo Museum! And what historical era have you returned from, our Bey?"

"From... from the time of the Prophet. The fif... the fifteenth century."

"The fifteenth century! But the Beys of Tunisia came in the nineteenth century, our dear Bey."

"Yes, I'm their first ancestor. Don't you read history?"

"I do read it, my lo–"

"No, you don't read the history of your own country. You're ignorant and don't even know how to speak to your superiors. That just proves how the Tunisian education system is crumbling. And the proof is people like you—ignorant of their own history—speaking on TV and influencing public opinion!"

"Forgive me, my lord. You're right. You're absolutely right. I don't know enough about my country's history and need to study more. Forgive me, my lord. And forgive me, viewers and everyone here today."

"والله شَيْ يْبكّي."

"اِعْتِذاراتي، آنا..."

"شَيْ مُزْري أصْل. قلْبي وجعْني على هالبْلاد. رجّعوني لْقبْري. خلّيوْني نرْتاح. خلّيو الموتى الكُلّ يعْرْفو إلي باي تونِس مات مِالحُزْن."

"اللُّطْف عْليك، سيدي. بْربّي ما تْموتِش توّا. أحْنا في حاجة ليك. ولكِن عنّا فُضول باش نعْرْفو كيفاش تْوفّيت في حْياتِك السّابْقة. فمّا ناس يْقولو اللي فمّا شْكون دِغْرِك، وفمّا اللي يْقول إنْتِ تْوفّيت بِالطّاعون."

"لا. ما نْموتِش بِالطُّرُق هاذُم اللي يْحشْمو. مِتّ بِالجّوع - قصْدي مِتّ بِالصّاعْقة. أيْ، أيْ. قْتلْت خمْسين ألْف جُنْدي في الحرْب وحطّيْتْهُم الكُلّ فوق بْعضْهُم وطْلعْت فوقْهُم باش نْفكّر في النّجاح العظيم. هُوَّ لا محالة خمْسين ألْف ماهوش رقْم مُشرّف برْشا. في العادة نُقْتُل أكْثر بْبرْشا. الحاصيلو. الكومة كانِت قْريبة برْشا لِلسّحاب، ياخي الصّاعْقة ضرْبِتْني على قُوّةْ جِهْدْها."

"نِحْلِف عْليك توجعْت، سيدي الباي."

[14:34]

"This is truly heartbreaking."

"My apologies, I..."

"It's disgraceful. My heart aches for this country. Take me back to my grave. Let me rest. Let all the dead know that the Bey of Tunisia has died of sorrow."

"Please, have mercy, my lord. Don't die now. We need you. But we are curious—how did you die in your past life? Some say you were assassinated. Others say you died of the plague."

"No. I don't die by such shameful means. I died of hunger—I mean, lightning. Yes, yes. I killed fifty thousand soldiers in battle, piled them up on top of each other, and stood on the pile to reflect on my great victory. Honestly, fifty thousand isn't even that impressive. Normally I kill a lot more. Anyway, the pile was so high it reached the clouds, and the lightning struck me with all its force."

"That must have been painful, my lord."

"وْجيعة؟ ما كانِش فما حتّى وْجيعة. آنا بْعِدْت عالصّاعْقة الأولى خاطِرْها ما كانِتْش سْريعة برْشا باش تخْطفْني."

"الصّاعْقة ما كانِتْش سْريعة برْشا باش تخْطْفِك..."

"بْسُرْعِةْ الفكْرون أصْل. الطّبيعة كرْهِتْني خاطِرْني كُنْت قْويّ برْشا. الثّلاثة صواعِق الأولانين ما ضرْبونيش خاطِر شُفْتْهُم جايين، ولكِنّي خلّيت الصّاعْقة الرّابْعة تخْطفْني. أيْ. التّاريخ لازِم يِتْذكر إنّو باي تونِس وْصِل لِلسّماء."

"وكيفاش قْتلْت خمْسين ألْف جُنْدي يا سيدي الباي؟"

"بْعِدْت علْى كرْتوشْهُم الكُلّ. الكرْتوش كان بطيء برْشا."

"هايِل. ملّا ماتْريكْس أسيدِك!"

"ماتْريكس؟ أيْ. ماوْ خاطِر، علْى عكْسِك إنْتِ، المُنْتْجين مْتاع الفيلْم قْراوْ تاريخ تونِس. وزيد وَقْتْها القرْن خْمُسْطاش، هذاكا علاش الكرْتوش كان بطيء برْشا."

"حاجة هايْلة برْشا، سيدي الباي. أحْنا مالا باش يْوَلّي عنّا بطل خارِق يْقود البْلاد."

[15:29]

"Pain? There was no pain at all. I dodged the first lightning strike because it wasn't fast enough to take me."

"The lightning wasn't fast enough to take you..."

"It was as slow as a turtle, actually. Nature hated me because I was too powerful. The first three lightning strikes missed me because I saw them coming. But then I let the fourth one strike me. Yes. History should record that the Bey of Tunisia reached the heavens."

"And how did you kill fifty thousand soldiers, my lord?"

"I dodged all their bullets. The bullets were far too slow."

"Amazing. You're basically the Matrix, sir!"

"Matrix? Exactly. Unlike you, the filmmakers read Tunisian history. And back then, in the fifteenth century, that's why bullets were slow."

"That's incredible, my lord. It looks like we'll have a superhero leading the country."

“وجاهِل كيفِك يْوَجّه الرّأي العام. إنْتِ ما عادِش باش تبْقى هوني راهو كيف نْوليّ رئيس.”

“توّا سيدي الباي، المُفكّرين السِّياسيّين مْتاعْنا يْحِبّو يطْرْحو عْليك بعْض الأسْئْلة وياخْذو رايِك في بعْض المسائِل اللي تْخُصّ البْلاد.”

أحْمد تِكْبِس ووِجْهو حْمار وتْوتّر. أحْمد ما يِفْهِم شَيْ في السِّياسة. معْلوماتو محْدودة برْشا، وما يعْرف كان إسْم الرّئيس الحالي فقط.

السِّياسي الأُوّل سِألو: “سيدنا الباي، شْنية مُقْترحاتِك باش نْحسّْنو في الوَضْع الاقْتِصادي في البْلاد، خاصة في ظِلّ قِلّة الثِّقة بين الشّعْب والبرْلمان؟”

اِقْتِصاد؟ برْلمان؟ مُقْترحات؟ ثِقة؟ آش مْدخّْلو هُوَّ في الحاجات هاذُم؟ ماهو إلّا زوّالي يِجْري وْرا خُبْزْتو وما يَلْحقْش، وحتّى المفاهيم السِّياسية ما يِفْهِمْش فيها وما يعْرفْهاش، ولكِنّو توّا في موْقِف حياة أو موت. أثْناشْن مليون تونْسي في اللّحْظة هاذي قاعِد يِتفرِّج فيه، والصّحفيين الدُّوليين يْصوّْرو فيه، والقنوات الغرْبية تْحلّْلو في خِطابو.

[16:22]

"And someone ignorant like you is shaping public opinion. You won't be around anymore once I become president."

"Yes, yes, my lord. Well, some of our leading political thinkers would like to ask you a few questions and hear your thoughts on some national matters."

Ahmed froze. His face turned red, and he got anxious. Ahmed didn't know anything about politics. His knowledge was extremely limited—he only knew the name of the current president.

The first politician asked him, "Our Bey, what are your recommendations to improve the economic situation of the country, especially given the lack of trust between the people and the Parliament?"

Economy? Parliament? Recommendations? Trust? What did he have to do with any of that? He was just a poor man chasing a loaf of bread—and failing. He didn't even understand political terms. But now, it was life or death. Twelve million Tunisians were watching him. International journalists were filming him. Western news was analyzing his speech.

أحْمد سْكِت شْوَيّة وقال لِلسِّياسي: "آنا نْشوف إنّو برْشا ناس جيعانين وبرْدانين، وأنّو المُعامْلات ديما بِالوْجوه، وباش تقْضي قضيتِك في هالبْلاد يِلْزْمِك فْلوس والا أكْتاف والّا حلّ يَهْبطْلِك مِالسْماء. خلّينا نْقولو سِحْر. لازْمِك تْولّي سحّار كْبير، وكذّاب أكْبر."

"وشْنية الحُلول اللي تْراها مُناسْبة سيدنا الباي؟ شْنية الحُلول اللي مْشات مْعاك في القرْن تْسعْطاش- سامحْني، قصْدي في القرْن خْمُسْطاش، وانّجْمو نْطبّْقوها توّا؟"

"ما فمّاش حُلول. الحلّ في الشّورْبة. الشّورْبة تْشبّع وتْقنّع، وتاطيبْها ساهِل، ولكِن مُكوّْناتْها غالين وماهُمْش في مقْدور المُواطِن: الفِلفِل غْلى، الطْماطِم غْلى، والخُضْرة الكُلّ أسْوامْها طلْعِت، وأحْنا، قصْدي هوما، الشّعْب يَعْني، معادْش يْهِمّو في السِّياسة. الشّعْب توّا مُهْتم بِالشّورْبة، بِالماكْلة، بْكِرْشو، وبعْدْها تْجي الحُلول مْتاع النّاس العايْشة- حُلول الغُنْيا وكذا."

[17:18]

Ahmed stayed quiet for a moment, then told the politician, "I see a lot of people who are hungry and cold. People judge you by how you look. If you want to get anything done in this country, you need money, connections, or a solution that falls from the sky. Let's call it magic. You have to be a big magician and an even bigger liar."

"And what solutions do you suggest, our Bey? What worked in the nineteenth—sorry, the fifteenth century—that we could use now?"

"There are no solutions. The solution is soup. Soup fills you up. Soup satisfies you. It's easy to make, but its ingredients are expensive now and out of reach for regular people. Peppers are expensive. Tomatoes are expensive. All the vegetables have gotten expensive. And we—uh, I mean the people—don't care about politics anymore. People care about soup, about food, about their stomachs. Everything else comes after. That's for the rich folks to figure out."

برْشا تصْفيق طْلع مِالشّعْب، وبرْشا تشْجيع وبرْشا ستاتُيات عالفيْسْبوك تمْجّد هالباي اللي يحسّ بِالشعْب ويحْكي بْلوغةْ الشّعْب، ووَلّى شِعار المرْحْلة "الشّورْبة"، وباش يْصير إسْتِفْتاء كْبير في البْلاد باش يِتْغيرّ نِظام الحُكْم ونرْجْعو لْحُكْم البايات تحْت شِعار مرْحلة الشّورْبة، وهِيَّ المرْحلة اللي باش يُحْكُم فيها باي وِلْد الشّعْب ويْحِسّ بِالشّعْب.

تْصاوِر الباي أحْمد عبّات البْلاد، وأقْوالو المأْثورة تْكِتْبِت في التّاريخ، وخِطابو يْحلّلو فيه المُفكّْرين والفلاسْفة والسِّياسيّين التّْوانْسة والعالمِيّين، وهُوَّ صاحِبْنا مهوش فاهِم شَيْ، عايِش اللّحْظة كيف ما هِيَّ ومْكبّش في شاشِيتو نْهار وليل.

أحْمد بْدا يْخمّم كيفاش باش يْبدّلها البْلاد، وعْمل خُطط ومشاريع بسيطة بينو وبين روحو: باش يِشْري فيلّا في أعْرق بْلاصة في العاصْمة، وفيلّا في أعْرق بلايِص الجُمْهورية الكُلّ، ويِشْري كْراهِب ويِكْري شْوفّْرة، وفي كُلّ فيلا يعْمل زْريبة يْربيّ فيها الحيوانات ويِزْرع الخُضْرة والغلّة باش ما يْجوعِش، وباش يْعرّس برْشا مرّات ويْجيب برْشا صْغار. والأهمّ مِن هاكا الكُلّ، باش يْشوف شْكون يْعاوِد يصْنعْلو شاشية كيما شاشيتو بِالضّبْط باش يْوَرّثْها لِصْغارو وْيرُدّْها سِرّ مِن أسْرار العايْلة الملكية.

[18:13]

The crowd erupted with applause. Social media lit up with praise for the Bey who understood the people and spoke their language. "Soup" became the national slogan. A referendum was planned to change the system and bring back the rule of the Beys—starting with a Bey who was from the people and for the people.

Pictures of Bey Ahmed were everywhere. His "famous quotes" were written into history. Intellectuals, philosophers, and politicians—Tunisian and international—were analyzing his speeches. And yet, our Ahmed didn't understand a thing. He was just living in the moment, holding tightly to his fez day and night.

Ahmed started to think of how he'd change the country. He made simple plans in his head: he'd buy a villa in the fanciest area of the capital—and in all the best cities. He'd buy cars and hire drivers. In every villa, he'd have a farm with animals and vegetables so he'd never go hungry again. He'd get married many times and have lots of children. Most importantly, he'd find someone to make him another fez exactly like this one, so he could pass it on to his kids and make it a secret royal heirloom.

وبْقِيِّةْ الشّعْب؟ والبْلاد؟ آه، نْساهُم! تيه، شْعنْدو يعْمْلِلْهُم؟ هذيكا هِيَّ الدِّنْيا، يخي باش يْرُدْهُم غْنْيا؟ ماهو كهو، هذاكا المكْتوب، ومكْتوبو هُوَّ إنّو لْقى هالشّاشية العجيبة اللي حلِّتْلو في الجنّة ذْراع. هوما ما عْليهُم كان يلْقاوْ شاشية كيفْها زادا، وكُل واحِد ومْغرْفْتو آش هزِّت.

صار الاسْتِفتاء الكْبير، وصوّت الشّعْب الكل لْصالح تغْيير النِّظام الحالي باش يْوَلّي نِظام ملكي تحْت حُكْم الباي أحْمد، وفِعْلا تْبدّل كُلّ شَيْ بْكُلّ سلاسة، والرّئيس الحالي اِسْتقال وَحْدو وَحْدو، والبرْلمان سكّر نفْسو بْنفْسو، والآمال الكُلّ ولّات مْعلّْقة عْلى هالباي العظيم اللي باش يْطوّْرِلْنا البْلاد. الخُطْوة الأخيرة اللي مازالِت هِيَّ القسم على الدُّسْتور التّونْسي.

أحْمد دْخل لِلْقصر وخْذا وَقْتو باش يخْتار التّبْديلة ويِلْبِسْها. السْتيليست لبْسو صبّاط دْيور، وسِرْوال وتبْديلة عُثْمانية مِن شانيل، والشّاشية هِيَّ هِيَّ.

[19:25]

And the rest of the people? And the country? Oh—he forgot about them! So what? What could he possibly do for them? That's life. Is he supposed to make them all rich? It is what it is. That's their fate. And his fate was to find this magical fez that opened the gates of paradise for him. As for them? They just need to find a fez like his. Everyone gets what their spoon can carry.

The grand referendum was held, and the entire population voted to change the system into a monarchy under Bey Ahmed. Everything transitioned smoothly. The current president resigned on his own. Parliament shut down on its own. All hopes now rested on this great Bey who would save the country. The only step left was for him to swear on the Tunisian Constitution.

Ahmed entered the palace and took his time getting dressed. The stylist put him in Dior shoes and a Chanel-made Ottoman outfit. But the fez? The same old one, of course.

خْرج الباي أحْمد باش يْحيّي العسْكر ويتْسلّم السُّلْطة التّنْفيذية، النّاس الكُلّ واقْفِتْلو وتْصفّقْلو، وتحِيّةْ العلم بْدات، والكاميراوات تْصوّر، وأحْمد ما يعْرفْش يعْمل قسم وما يعْرفْش عْلاش باش يْقْسُم مِن أصْلو، كُلّ ما في مخّو هُوَّ الدّْيار والهْناشِر والدّْجاج اللي باش يْربّيه والخُضْرة اللي باش يزْرعْها والشّورْبة اللي باش ياكِلْها لْبْقِيّةْ عُمْرو.

"كيفاش نقْسِم؟ نقْسِم علْى شْنوة؟ والله باش نْكون مْريقِل مْعاكُم. هذا شْنوة انّجّم نوعِدْكُم."

وصارِت المُفاجْأة. أوّل ما هْبط أحْمد مِالكرْهْبة، قام إعْصار قْويّ برْشا طيرّ كُلّ شيْ، وأوّل حاجة طيرّْها كانِت شاشِيّةْ الباي. أحْمد ترْعِب، وقام يِجْري وْرا الشّاشية ويْصيح: "شاشيتي! شاشيتي! رجّعْلي شاشيتي وهزّ كُلّ شيْ آخِر! هِزّ النّاس والحيوانات والكْراهِب والدّْيار، ورجّعْلي شاشيتي!"

بْقى أحْمد يِجْري يِجْري لين النّْفس مْتاعو تِقْطع، وتْمّنّى لوْ يْهِزّو الإعْصار هُوَّ زادا ويْرتّْحو مِن خيْبِةْ الأمل اللي قاعِد يْعيش فيها. النّاس الحاضْرين دخْلو بْعضْهُم، وما فِهْموش رْواحْهُم هوما فين، وحسّو رواحْهُم قامو مِن غيْبوبة.

[20:21]

Bey Ahmed came out to salute the military and assume executive power. Everyone stood and applauded. The anthem played. Cameras rolled. But Ahmed? He didn't know how to take the oath—or even why he was taking it! All he could think about were villas and farmlands, the chickens he'd raise, the veggies he'd plant, and the soup he'd eat for the rest of his life.

"How am I supposed to swear? Swear on what? Honestly, I'll be a good guy. That's all I can promise you."

Then came the surprise. The moment Ahmed stepped out of the car, a powerful whirlwind blew through. It swept up everything in its path. First thing it took? The Bey's fez. Ahmed panicked and ran after it, yelling, "My fez! My fez! Give me back my fez and take everything else! Take the people, the animals, the cars, the villas— just give me back my fez!"

Ahmed ran and ran until he was out of breath. He even wished the tornado would take him too, so he wouldn't have to feel such crushing disappointment. The people watching the event were stunned. They looked around, confused, as if they'd just woken up from a trance.

"آش فما؟ شْبينا لِهْنا؟ عْلاش فمّا دُسْتور وأمْن؟ الكرْهْبة هاكي شْكون اللي هْبط مِنْها؟ وشْنية حْكايةْ الصّحفيين والقنوات العالمية؟ والأهمّ مِن هاكا الكُلّ، شْنية حْكايْتو هالرّاجل المهْبول اللي يِجْري وَحْدو وْرا الرّيح، ويِبْكي ويْصيح ويْقول هاتولي شاشيتي؟ وشْبيه لابِس هكّاكا تْقول طالع مِن فيلم تاريخي؟"

النّاس هزّو رْواحْهم وروّْحو، والقنوات رجّْعِت برامِجْها العادية، والدِّنْيا رجْعِت وكأنّو الشّاشية ما صارِتْش وأحْمد ولّى كِذْبة، أحْمد اللي لِلّحْظة هاذي يِجري وْرا الرّيح ويِبْكي، يِبْكي، يِبْكي. موش يِبْكي خاطْرو معادْش ملك، ولكِن يِبْكي خاطْرو باش يرْجع لِلحُقْرة والتّْمرْميد، وباش يبْقى يِشْتْهي الشّوْرْبة لْآخِر عُمْرو لين اِتْطيح بين يْديه شاشِيّةْ باي آخِر.

❖ ❖ ❖

[21:23]

"What's going on? Why are we even here? What's with the constitution and the military? Who stepped out of that car? What's with all the journalists and international media? And who's that crazy guy chasing the wind, screaming about his fez, dressed like he came out of a historical movie?"

People went home. TV stations returned to their usual programs. Life moved on as if the fez had never existed. Ahmed became just a rumor. And to this day, he's still out there—running after the wind, crying, crying, crying. Not because he lost the crown... but because he's going back to poverty and humiliation. He'll go on craving soup for the rest of his life... until the day another Bey's fez falls into his hands.

❖   ❖   ❖

Arabic Text without Tashkeel

For a more authentic reading challenge, read the story without the aid of diacritics (tashkeel) and the parallel English translation.

الشاشية السحرية

الشتاء جا وجاب معاه بردو وريحو وعجاجو، وجاب معاه زادا المطر الغدارة، اللي مرة تمطر ومرة تسحى، وزيدهم فيضانات العاصمة، والناس الخايفة مالماء، والقطاطس المتخبية تحت الكراهب والعجالي والشجر.

ولكن أحمد ما لقاش بلاصة يتخبى فيها، وما عندوش كرهبة باش يروح بيها، وأصلا ما عندوش لوين يروح، وما يحلمش باش يشري كرهبة. المسكين طول عمرو فقير وزوالي وما عندوش وين يكن راسو. يدور في شوارع باردو كيما القطاطس، وياكل مالزبلة كيما القطاطس، أما ما عندوش فرو كيما القطاطس، وما ينجمش يتخبى تحت الكراهب وبين العجالي.

أحمد يحب الغناء برشا وعندو صويت، تلقاه يتمشى تحت المطر ويغني فيروز وأم كلثوم وبوشناق، وغناء كافي وغناء ساحلي، وهو يرعش مالبرد.

وما يحن عليه حد. أحمد ما يلومش الناس، أصلا كل فول لاهي في نوارو، هاو هذا كرهبتو تسرقت، هاو هذا واحل في الأمبوتياج عندو ساعة لين هزو النوم، هاو هذا يجري من بلاصة لبلاصة وما وقفتلو حتى تاكسي، وغيرهم.

هذاكا اللي كاتبلو - مكتوبلو الفقر والبرد. ميسالش. شهيرين تلاثة ويوفى البرد ويجي الربيع، وأحمد يولي معادش يرعش مالبرد.

الشتاء ليلو طويل ويجوع، وأحمد جاع وكرشو توزوز، شاهي شوربة وبريك بالتن، وصحين كفتاجي سخون وطاجين. ولكن يا ليتو، آخر مرة كلى فيها الكفتاجي الشهر اللي فات، ووقتها بقى يتفرج على طفلة وهي تاكل في الكفتاجي، وكلى معاها بعينيه.

جات نص الليل، البلاد ركحت شوية والناس شدت ديارها، إلا أحمد واللي كيفو، بقى يتمشى في باردو باش يلهي روحو وما يحسش بالجوع، وتعدى قدام متحف باردو.

أي أي، متحف باردو العظيم متاع تونس العظيمة، قداش يلم توارخ وحضارات، وقداش تعداو عليه عباد، وقداش زبلتو كي بيها كي بلاش. لا تسمن ولا تغني من جوع. ما فيها ما يصلح، كان الغبابر والتراب وشوية بلاستيك مكسر، وكان عندك الزهر، تلقى باكو بيتزا ما فيه حتى كعبة بيتزا، ما عليك كان تشم ريحتها وتمشي على روحك.

المنظف متاع المتحف خرج ومعاه البوبالة، وحطها البرة ورجع مزروب خاطرها بدات تمطر. المرة هذي البوبالة باينة مليانة، وأحمد قال في نفسو: "ممم... مانيش خاسر شي، خليني نشوف نلقاشي فيها لقمة."

قص أحمد الكياس ووصل للزبلة، وبدا يفرز فيها، والمرة هذي لقى حوايج قدم، لقى مريول عثماني وسروال واسع ما فهموش شنوا، فلبسهم وطيش حوايجو المبلولين، وزاد فرز وفرز لين لقى شاشية حمراء مغبرة، بلها تحت المطر شوية باش ينحي منها الغبرة، ثم لبسها.

هوهكاكا واقف عالكياس بجنب الزبلة، فجأة وقفولو التاكسيات والكراهب الكل، وهبط تاكسيست يصيح: "سيدي الباي، آنا شفتك الأول، آنا اللي باش نوصلك."

فهبط تاكسيستي آخر وقال: "لا لا لا يا سيدي الباي، آنا شفتك من بعيد، أطلع معايا نوصلك لآخر الدنيا وما نرتاحش."

وهبط راجل آخر من كرهبتو وقال: "سيدي الباي، الكرهبة كرهبتك وما عليك كان تؤمر. مانيش مروح لمرتي وصغاري الليلة إلا ما نضيفك عندي. بربي يعيشك يا سيدي الباي، إيجا نوصلك ونضيفك."

ومن بين الكراهب الكل، تعدات كرهبة الحاكم، هبط البوليسي وقال: "إيجا، إيجا، إيجا أطلع معايا." وصاح عالبقية، ولكنهم ما حبوش يمشيو، وبداو يجريو

لأحمد. أحمد خاف وتربث وما فهم شي، عطى على ساقيه وهرب يجري، يجري، يجري، وتخبى في زنقة مالزناقي، وهوما يلوجو عليه وما لقاوهوش.

"يا سيدي الباي، إيجا نوصلك، يا سيدي الباي، أخرجلي، يا سيدي الباي وينك؟ يا سيدي الباي ما نروح إلا ما نلقاك"

وأحمد لاصق للحيط. المسكين دخل بعضو وما فهم شي، وقال لروحو: "أكيد اللبسة تافهة وضحكتهم عليا، وحبو يعملو عليا جو. هاني باش انحيه المريول وندور عريان، واللي مازال يضحك عليا نوريه."

نحى أحمد المريول والشاشية، وخرج البرا، متحزم ومنرفز ومستعد يركح بونية في أول عبد يعرضو.

فشافو البوليسي فجأة، ومشالو يجري وداخل بعضو، وقالو: "شفتشي الباي؟ ما شفتوش؟ هاوكا لابس شاشية الباي. إيجا لوج معايا عالباي، نعطيك اللي تحب."

"لا الحق ما شفتوش."

"بربي هاو نومرويا، وأول ما تشوف الباي قلي."

"ياخي مازالو البايات موجودين؟"

"يزي يا راجل لا يسمعك سيدنا الباي، وتترصالك معلق في باب بحر. كلام هذا ما عادش تعاودو، واحترم كبيرنا لا تتباصى. سيدنا الباي وشاشيتو المبروكة. ربي يفضلهولنا. وآش خصني يخسر عليا غزرة ويودني بتبسيمة."

هوما هكاكا واقفين تحت ضو البوتو، ويخرجلهم التاكسيست، مرهوج وحالتو تسخف، تقول خارج من عركة نباش القبور، دبشو مقطع ووجهو يقطر بالعرق.

كيف شاف أحمد والبوليسي، قربلهم بالشوية، وبلع ريقو وسألهم: "الباي. الباي وين مشى؟ شفتوه الباي؟ لابس الشاشية العثمانية الحمراء، وخرج قبيلة من متحف باردو، رجع للدنيا كاينو تولد امبارح، وتبسملي تبسيمة ما ننساهاش، واش

خص كان يودني بغزرة من غزراتو، ويخليني نشم ريحة الشاشية. آنا الليلة ما نروح إلا ما نلقاه. قولولي، شفتوه؟"

همم... أحمد بدا يفهم الحكاية شوية. برجولية، حالة البوليسي والهيستيريا متاع التاكسيست موش متاع تفذليك والا لعب ماسط، وتالمون أكدو عالشاشية، يبدو إنو الشاشية سبيسيال شوية، وهي اللي خلاتهم يشوفوه على أساسهوباي والا حاجة هكا. زعمة شنية حكايتها هالشاشية؟

أحمد سكت وخمم شوية، ومبعد غزر للبوليسي والتاكسيست وقاللهم: "يظهرلي شفتو دخل من هوني." ونعتلهم بصبعو لنهج مالأنهجة. البوليسي والتاكسيست قامو يجريو للنهج هاكا، وخلاو أحمد وحدو.

أحمد رجع للتركينة اللي كان متخبي فيها، ولوج عالشاشية ولقاها. طواها على اثنين وخباها تحت مريولو، وخرج للشارع. قعد يمشي لين وصل لفندق معروف.

كيف جا يدخل، طردوه بالوقت. "أخرج علينا يا امسخ، يا خامج، تو هذا منظر تدخل بيه للوتيل متاعنا؟" هكا قالولو في الاستقبال، ولكن أحمد ما حسهاش منهم خاطر هذاكا الكلام اللي يسمعو يوميا.

بعد أحمد عالوتيل شوية، وجبد الشاشية ولبسها، ورجع للوتيل. الدنيا قامت، البيبان تحلت، والأصوات طلعت: "يا سيدي الباي، وين تحب تبات؟ يا سيدي الباي شرفتنا وشرفتنا زيارتك، يا سيدي الباي شنوا تحب تاكل؟ نعطيوك توا أحسن سويت عنا، واللي تطلبو الكل يجيك ليديك يا سيدي الباي."

أحمد ما صدقش الموقف، وكيف جا باش يتكلم، حس بصوتو غلاظ وظهرو تستوى، وقاللهم: "نحب السويت اللي تطل على متحف باردو، ونحب شوربة دافية وأبن حاجة تختصو فيها. وتو نعطيكم رايي مبعد."

الوتيل الكل تحرك، الستاف تكبس وبدا يخدم في خدمتو، المنظفين والمنظفات قامو يمسحو، ومولى الوتيل شخصيا كلم الاستقبال وقاللهم: "هاني جاي باش نقابل هالشخص اللي عاملين على خاطرو هذا الكل."

أحمد طلع للسويت، ونحى حوايجو، وعمل دوش سخون لأول مرة من عشرين سنة، ومس مخدة نظيفة وطرية لأول مرة من عشرين سنة، وقعد على فرش كبير ومرتاح بعد ما عدى عمرو كامل يرقد عالسيمان والياجور ويتغطى بالفضلة متاع الملاحف اللي يلقاهم مطيشين في الشارع نهارة اللي ينصبو الفريب.

أحمد المرة هذه استرخى ورتح أعصابو، وحس روحو في حلمة، وتغطى وتدفى، لين دقو عليه الباب وجابولو الماكلة اللي طلبها: شوربة فريك سخونة ريحتها تفحفح، وكفتاجي فرشك ومحرحر، وبريك بالعضمة، وسلاطة خضرة، وسلاطة مشوية، وسلاطة أمك حورية، وسلاطة بلانكيت، ومقرونة بالكروفات، وعصيدة زقوقو، وعصير برتقال، وأنواع الغلة اللي تخيلها أحمد في مخو الكل. أحمد ليلتها كلى وكأنو عمرو لا كلى قبل، وكينها آخر ليلة باش ياكل فيها. ما خلى شي. كل شي مسحو.

وبعد ساعة ونصف تقريبا، رجع الستاف باش يهز الأصحنة، وسألو الباي: "سيدنا الباي، عجبك العشاء؟ الكروفات بعثنالك شكون يصطادها بالذمة، والغلة جاتنا فرشكة مالسانية، والسلايط والمقرونة طيبتهم شاف معروفة وكبيرة في العمر، تعطي لكل حاجة كارها وما تعدي الماكلة إلا ما تاكل منها هي وتشبع."

"أيه، والله يعطيكم ألف صحة، الشوربة عجبتني أكثر حاجة الحقيقة. دافية وبنينة ومفوحة بالقدا، ولكن كان بودي لو نحلي بشوية مانغو زادا. قولو للشاف يعطيك ألف صحة."

"مانغو؟ توا نجيبولك المانغو سيدنا الباي."

المانغو غلة نادرة في تونس، ما يتباعش وين يجي وفي الأوقات الكل، وغالبا يكون مستورد وغالي وماهوش فرشك، ولكن الوتيل كان مصر إنو يجيب المانغو للباي، فتواصلوا مع الموردين الكبار متاع البلاد، وجابولو المانغو مزين في طبق. أحمد كان يسمع بالمانغو سمع، وعمرو لا شافو ولا ذاقو من قبل.

هبط عالغلة كيف المكلوب وما خلى فيها شي، وكرشو تنفخت بالماكلة، وراسو رزن، فاتكى عالفرش ونحى الشاشية وعنقها ورقد. أول مرة يرقد في سرير لائق، وأول مرة يرقد مرتاح، وأول مرة يرقد من غير خوف، وأول مرة يرقد متدفي.

في الحقيقة، أحمد ما كانش طالب إنو يتعامل كباي، ما كان طالب كان فرش يكن عليه راسو وماكلة تشبعلو كرشو. الله أعلم شنية حكايتها هالشاشية ومنين جات وعلاش طاحت بين يديه، ولكن هذا ما يهمش.

المهم إنو الشاشية العجيبة عندو هو توا، وإنو أخيرا بدا يحس في روحو إنسان، وكلى الشوربة اللي يشتهيها كل شتاء وما ياكلهاش، وكلى الكروفات والعصيدة والسلايط الكل. المهم شبع كرشو، والمهم باش يرقد-أخيرا، أحمد باش يرقد متدفي.

الليلة تعدات سلامات، وأحمد رقد وعنق الشاشية العجيبة وما سيبهاش. قام الصباح وحل باب البيت، ولقى الشعب الكل شادد الصف: الطباخين، المنظفين والمنظفات، مولى الوتيل شخصيا، ومعاهم صحفيين وكاميراوات تابعين لبرشا قنوات تونسية. أحمد تفجع وعاود سكر الباب على روحو، ولكن الجماعة ما سيبوهوش.

"سيدنا الباي، حل الباب يعيشك باش نحكيو معاك شوية."

"سيدنا الباي، حاشتنا منك بكليمة وحدة، ومبعدها نخليوك ترتاح."

"سيدنا الباي، جبنالك فطور الصباح."

"سيدنا الباي، جينا انظفولك بيتك."

"سيدنا الباي، آنا الستيليست متاعك، جبتلك حوايجك الملكية."

أحمد خاف. شباش يعمل؟ ينقز مالشباك؟ مالإيتاج الثامن؟ باش كيف تتنحالو الشاشية في الهواء ويموت، ما يتلفتلو حد؟

دويو! ما نعيشوش مرتين. هذي هي فرصة أحمد باش يولي غني ومعروف، ويحكيو عليه الناس الكل، ويتعامل كأنو باي بالرسمي. هو مالأول ما كانش طالب شي كان شوية دفى وماكلة، ولكن توا أحلامو كبرت، وولى يحب عالشهرة زادا. وبرا كان فاقو بيه في اللخر؟ ما عندهم ما يعملولو. هوما اللي استدعاوه للوتيل وهوما اللي استدعاوه للتلفزة. هو ما طلب شي، ما عمل شي.

أحمد استجمع أنفاسو، وتنفس مليح مليح، وكبس الشاشية فوق راسو، وخرجلهم. بيتو تنظفت، والستيليست لبسو حوايجو الملكية المطروزة بالذهب والفضة، والحجام ركحلو لحيتو وشلغومو. في اللخر، خرج الباي باي بالفم والملا: لبستو مضخمة، ريحتو مذخمة، موستاشو مذخم، ووهرتو وهرة باي طالع مالقرن التسعطاش.

صار توا وقت اللقاء الصحفي. تونس الكل تستنى فيه والتلافز الكل تحكي عليه. الباي أحمد طلع عالمارساديس ووراه أسطول وقدامو أسطول. الشوارع فرغتلو والناس وقفتلو تصور فيه وتعيطلو.

وأحمد بدا يصدق في روحو. طلع يدو مالشباك وبايبالهم، فزاد صياحهم، ورفعولو تصاورو، وقالو شعارات، وطالبو بتغيير النظام، وأحمد متبسم وشايخ وعايش اللحظة.

وصل الأسطول الملكي لمقر التلفزة الوطنية، وهبطو عليه الصحفيين بالتصاور والأسئلة، ولكنو ما جاوب على شي بما إنو ما يعرف شي! وأخيرا، دخل للمقر، وبدا اللقاء التلفزي مع المنشط ومعاه مجموعة من أكبر السياسيين التونسيين.

"سيدنا الباي، شرفنا حضورك. زيد عرفلنا بروحك شوية؟ نحبو نعرفو العالم اللي قاعد يتفرج فينا بالباي متاعنا ونفاخرو بيه."

الباي قال: "آنا الباي أحمد، عمري خمسة وثلاثين سنة، ونحب الشوربة."

"هههه! ضحكتنا سيدي الباي. أحنا زادا نحبوها شربتنا التونسية ونحبوك تزيد تحكيلنا على روحك."

"الشربة نحبها دياري وسخونة وفيها برشا خضرة ودجاج، ويا حبذا تكون شوربة فريك، هاكي متاع رمضان، ومعاها بريك بالتن والعضم الرايب، وكويس كوكا."

"سيدنا الباي، حتى أحنا نحبوها ماكلتنا التونسية ونفتخرو بيها برشا برشا، ولكن نحبو نزيدو نعرفوك أكثر. وقتاش شرفت تونسنا وجيتنا؟ وعلاش بعثك ربي لينا؟"

"آنا... آنا جيت لتونس امبارح في الليل. هبطني الـ...الطيارة قدام متحف باردو، ومشيت للوتيل."

"هبطتك الطيارة قدام متحف باردو! وانتي من آنا فترة زمنية رجعتلنا يا سيدنا الباي؟"

"من... من عهد الرسول، القرن... القرن خمسطاش."

"القرن خمسطاش! عاد بايات تونس جاو في القرن تسعطاش يا سيدنا الباي."

"أي، آنا جدهم الأول. ماكش قاري تاريخ؟"

"قاريه يا سي..."

"لا ماكش قاري تاريخ بلادك وجاهل وما تعرفش تكلم أسيادك، وهذا دليل على إنو المنظومة التعليمية في تونس ماشية وتندثر، والدليل هو ناس كيفك تجهل تاريخ بلادها تتكلم في التلفزة وتوجه في الراي العام؟!"

"سامحني سيدي الباي عندك الحق. عندك ألف حق. آنا جاهل بتاريخ بلادي ولازم نزيد نقرا عليه. سامحني سيدي الباي وسامحوني المشاهدين والحاضرين الكل."

"والله شي يبكي."

"اعتذاراتي، آنا..."

"شي مزري أصل. قلبي وجعني على هالبلاد. رجعوني لقبري. خليوني نرتاح. خليو الموتى الكل يعرفو إلي باي تونس مات مالحزن."

"اللطف عليك، سيدي. بربي ما تموتش توا. أحنا في حاجة ليك. ولكن عنا فضول باش نعرفو كيفاش توفيت في حياتك السابقة. فما ناس يقولو اللي فما شكون دغرك، وفما اللي يقول إنت توفيت بالطاعون."

"لا. ما نموتش بالطرق هاذم اللي يحشمو. مت بالجوع - قصدي مت بالصاعقة. أي، أي. قتلت خمسين ألف جندي في الحرب وحطيتهم الكل فوق بعضهم وطلعت فوقهم باش نفكر في النجاح العظيم. هو لا محالة خمسين ألف ماهوش رقم مشرف برشا. في العادة نقتل أكثر ببرشا. الحاصيلو. الكومة كانت قريبة برشا للسحاب، ياخي الصاعقة ضربتني على قوة جهدها."

"نحلف عليك توجعت، سيدي الباي."

"وجيعة؟ ما كانش فما حتى وجيعة. آنا بعدت عالصاعقة الأولى خاطرها ما كانتش سريعة برشا باش تخطفني."

"الصاعقة ما كانتش سريعة برشا باش تخطفك..."

"بسرعة الفكرون أصل. الطبيعة كرهتني خاطرني كنت قوي برشا. الثلاثة صواعق الأولانين ما ضربونيش خاطر شفتهم جايين، ولكني خليت الصاعقة الرابعة تخطفني. أي. التاريخ لازم يتذكر إنو باي تونس وصل للسماء."

"وكيفاش قتلت خمسين ألف جندي يا سيدي الباي؟"

"بعدت على كرتوشهم الكل. الكرتوش كان بطيء برشا."

"هايل. ملا ماتريكس أسيدك!"

"ماتريكس؟ أي. ماو خاطر، على عكسك إنت، المنتجين متاع الفيلم قراو تاريخ تونس. وزيد وقتها القرن خمسطاش، هذاكا علاش الكرتوش كان بطيء برشا."

"حاجة هايلة برشا، سيدي الباي. أحنا مالا باش يولي عنا بطل خارق يقود البلاد."

"وجاهل كيفك يوجه الرأي العام. إنت ما عادش باش تبقى هوني راهو كيف نولي رئيس."

"توا سيدي الباي، المفكرين السياسيين متاعنا يحبو يطرحو عليك بعض الأسئلة وياخذو رايك في بعض المسائل اللي تخص البلاد."

أحمد تكبس ووجهو حمار وتوتر. أحمد ما يفهم شي في السياسة. معلوماتو محدودة برشا، وما يعرف كان إسم الرئيس الحالي فقط.

السياسي الأول سألو: "سيدنا الباي، شنية مقترحاتك باش نحسنو في الوضع الاقتصادي في البلاد، خاصة في ظل قلة الثقة بين الشعب والبرلمان؟"

اقتصاد؟ برلمان؟ مقترحات؟ ثقة؟ آش مدخلو هو في الحاجات هاذم؟ ماهو إلا زوالي يجري ورا خبزتو وما يلحقش، وحتى المفاهيم السياسية ما يفهمش فيها وما يعرفهاش، ولكنو توا في موقف حياة أو موت. أثناشن مليون تونسي في اللحظة هاذي قاعد يتفرج فيه، والصحفيين الدوليين يصورو فيه، والقنوات الغربية تحللو في خطابو.

أحمد سكت شوية وقال للسياسي: "آنا نشوف إنو برشا ناس جيعانين وبردانين، وأنو المعاملات ديما بالوجوه، وباش تقضي قضيتك في هالبلاد يلزمك فلوس والا أكتاف والا حل يهبطلك مالسماء. خلينا نقولو سحر. لازمك تولي سحار كبير، وكذاب أكبر."

"وشنية الحلول اللي تراها مناسبة سيدنا الباي؟ شنية الحلول اللي مشات معاك في القرن تسعطاش- سامحني، قصدي في القرن خمسطاش، وانجمو نطبقوها توا؟"

"ما فماش حلول. الحل في الشوربة. الشوربة تشبع وتقنع، وتاطيبها ساهل، ولكن مكوناتها غالين وماهمش في مقدور المواطن: الفلفل غلى، الطماطم غلى، والخضرة الكل أسوامها طلعت، وأحنا، قصدي هوما، الشعب يعني، معادش يهمو في السياسة. الشعب توا مهتم بالشوربة، بالماكلة، بكرشو، وبعدها تجي الحلول متاع الناس العايشة- حلول الغنيا وكذا."

برشا تصفيق طلع مالشعب، وبرشا تشجيع وبرشا ستاتيات عالفيسبوك تمجد هالباي اللي يحس بالشعب ويحكي بلوغة الشعب، وولى شعار المرحلة "الشوربة"، وباش يصير إستفتاء كبير في البلاد باش يتغير نظام الحكم ونرجعو لحكم البايات تحت شعار مرحلة الشوربة، وهي المرحلة اللي باش يحكم فيها باي ولد الشعب ويحس بالشعب.

تصاور الباي أحمد عبات البلاد، وأقوالو المأثورة تكتبت في التاريخ، وخطابو يحللو فيه المفكرين والفلاسفة والسياسيين التوانسة والعالميين، وهو صاحبنا مهوش فاهم شي، عايش اللحظة كيف ما هي ومكبش في شاشيتو نهار وليل.

أحمد بدا يخمم كيفاش باش يبدلها البلاد، وعمل خطط ومشاريع بسيطة بينو وبين روحو: باش يشري فيلا في أعرق بلاصة في العاصمة، وفيلا في أعرق بلايص الجمهورية الكل، ويشري كراهب ويكري شوفرة، وفي كل فيلا يعمل زريبة يربي فيها الحيوانات ويزرع الخضرة والغلة باش ما يجوعش، وباش يعرس برشا مرات ويجيب برشا صغار. والأهم من هاكا الكل، باش يشوف شكون يعاود يصنعلو شاشية كيما شاشيتو بالضبط باش يورثها لصغارو ويردها سر من أسرار العايلة الملكية.

وبقية الشعب؟ والبلاد؟ آه، نساهم! تيه، شعندو يعمللهم؟ هذيكا هي الدنيا، يخي باش يردهم غنيا؟ ماهو كهو، هذاكا المكتوب، ومكتوبو هو إنو لقى هالشاشية العجيبة اللي حلتلو في الجنة ذراع. هوما ما عليهم كان يلقاو شاشية كيفها زادا، وكل واحد ومغرفتو آش هزت.

صار الاستفتاء الكبير، وصوت الشعب الكل لصالح تغيير النظام الحالي باش يولي نظام ملكي تحت حكم الباي أحمد، وفعلا تبدل كل شي بكل سلاسة، والرئيس الحالي استقال وحدو وحدو، والبرلمان سكر نفسو بنفسو، والآمال الكل ولات معلقة على هالباي العظيم اللي باش يطورلنا البلاد. الخطوة الأخيرة اللي مازالت هي القسم على الدستور التونسي.

أحمد دخل للقصر وخذا وقتو باش يختار التبديلة ويلبسها. الستيليست لبسو صباط ديور، وسروال وتبديلة عثمانية من شانيل، والشاشية هي هي.

خرج الباي أحمد باش يحيي العسكر ويتسلم السلطة التنفيذية، الناس الكل واقفتلو وتصفقلو، وتحية العلم بدات، والكاميراوات تصور، وأحمد ما يعرفش يعمل قسم وما يعرفش علاش باش يقسم من أصلو، كل ما في مخو هو الديار والهناشر والدجاج اللي باش يربيه والخضرة اللي باش يزرعها والشوربة اللي باش ياكلها لبقية عمرو.

"كيفاش نقسم؟ نقسم على شنوة؟ والله باش نكون مريقل معاكم. هذا شنوة انجم نوعدكم."

وصارت المفاجأة. أول ما هبط أحمد مالكرهبة، قام إعصار قوي برشا طير كل شي، وأول حاجة طيرها كانت شاشية الباي. أحمد ترعب، وقام يجري ورا الشاشية ويصيح: "شاشيتي! شاشيتي! رجعلي شاشيتي وهز كل شي آخر! هز الناس والحيوانات والكراهب والديار، ورجعلي شاشيتي!"

بقى أحمد يجري يجري لين النفس متاعو تقطع، وتمنى لو يهزو الإعصار هو زادا ويرتحو من خيبة الأمل اللي قاعد يعيش فيها. الناس الحاضرين دخلو بعضهم، وما فهموش رواحم هوما فين، وحسو رواحم قامو من غيبوبة.

"آش فما؟ شبينا لهنا؟ علاش فما دستور وأمن؟ الكرهبة هاكي شكون اللي هبط منها؟ وشنية حكاية الصحفيين والقنوات العالمية؟ والأهم من هاكا الكل، شنية حكايتو هالراجل المهبول اللي يجري وحدو ورا الريح، ويبكي ويصيح ويقول هاتولي شاشيتي؟ وشبيه لابس هكاكا تقول طالع من فيلم تاريخي؟"

الناس هزو رواحهم وروحو، والقنوات رجعت برامجها العادية، والدنيا رجعت وكأنو الشاشية ما صارتش وأحمد ولى كذبة، أحمد اللي للحظة هاذي يجري ورا الريح ويبكي، يبكي، يبكي. موش يبكي خاطرو معادش ملك، ولكن يبكي خاطرو

باش يرجع للحقرة والتمرميد، وباش يبقى يشتهي الشوربة لآخر عمرو لين اتطيح بين يديه شاشية باي آخر.

❖ ❖ ❖

Comprehension Questions

1. علاش كان أحْمد يْدور في شْوارِع بارْدو؟
2. وين لْقى الشّاشية؟
3. شْنوّا صار كي لْبِس الشّاشية أوّل مرّة؟
4. كيفاش تْصرّْفو معاه في الوْتيل قْبل وبعْد ما لْبِس الشّاشية؟
5. شْنوّا أكْثر ماكلة يحِبّْها؟
6. علاش ما عرفش يجاوِب عْلى الأسْئْلة السِّياسية؟
7. شْنية الأحْلام اللي حْلِم بيهُم كي وَلّى باي؟
8. ويْن كان يسْكُن أحْمد قْبل ما يلْقى الشّاشية؟
9. كيفاش كانِت ردّْت فِعْل النّاس على خِطابو عالشّورْبة؟
10. كيفاش تْبدّل نِظام الحُكْم باش يْوَلّي باي؟
11. وَقْتاش بْدا يفْقِد قوّْتو السِّحْرية؟
12. شْنوّا صار لِلنّاس بعْد ما طارِت الشّاشية؟
13. علاش النّاس صدّْقو إلّي هُوَّ باي؟
14. شْنوّا كان يعْمل قْبل ما يلْقى الشّاشية؟
15. كيفاش كان يِتْصرّف مع الصّحفيين؟
16. شْنوّا كان ردّ فِعْل السِّياسيين على كْلامو؟
17. شْنية الماكْلة اللي طْلبْها في الوْتيل؟
18. شْنوّا قال على عُمْرو في اللِّقاء التّلْفزي؟
19. كيفاش حاوِل يْخبّي الشّاشية بعْد ما هْرب؟
20. علاش بْقى يِبْكي في الآخِر؟

1. Why was Ahmed wandering the streets of Bardo?
2. Where did he find the fez?
3. What happened when he first wore the fez?
4. How did they treat him at the hotel before and after wearing the fez?
5. What was his favorite food?
6. Why couldn't he answer political questions?
7. What dreams did he have when he became Bey?
8. Where did Ahmed live before finding the fez?
9. How did people react to his soup speech?
10. How did the system of government change to make him Bey?
11. When did he start losing his magical power?
12. What happened to the people after the fez flew away?
13. Why did people believe he was a Bey?
14. What did he do before finding the fez?
15. How did he handle journalists?
16. How did politicians react to his words?
17. What food did he order at the hotel?
18. What did he say about his age in the TV interview?
19. How did he try to hide the fez after he ran away?
20. Why did he keep crying at the end?

Answers to the Comprehension Questions

1. خاطْرو كان زوّالي وما عنْدوش دار.
2. لْقاها في الزّبْلة قُدّام متْحف بارْدو.
3. النّاس الكُلّ بْدات تْعامِل فيه كأنّو باي.
4. في الأوّل طرْدوه، وبعْد ما لْبِس الشّاشية عْطاوْه أحْسن سْويت.
5. كان يْحِبّ الشّورْبة والبْريك والكُفْتاجي.
6. خاطْرو ما كان يعْرف شَيْ في السِّياسة وتْربى فْقير.
7. حْلِم باش يِشْري فيلّات وكْراهِب ويْعرّس برْشا مرّات.
8. ما كانِش عنْدو دار، كان يُرْقُد في الشّارِع.
9. عجْبْهُم وصفّْقولو وقالو إنّو يفْهم الشّعْب.
10. عْمْلو اسْتِفْتاء والشّعْب صوّت باش يْوليّ باي.
11. كي جا باش يْأدّي القسم وطارِت الشّاشية.
12. نْساوْه ورجْعو لْحياتْهُم العادية.
13. خاطِر كانِت عنْدو شاشية سْحرية تْخلّي النّاس تْشوفو باي.
14. كان يمِْشي في الشّوارِع ويْغنّي ويْلوّج في الماكْلة في الزّبْلة.
15. ما كانْش يجاوِب عْلى أسْئِلتْهُم وكان يتْهرّب.
16. سكْتو وما عارْضوهْش وصدّقو كْلامو عْلى الشّورْبة.
17. طْلب شورْبة وكُفْتاجي وبْريك وسْلايَط وكُلّ شَيْ.
18. قال عُمْرو خمْسة وثْلاثين سْنة.
19. طْواها عْلى زوز وخبّاه تحْت مرْيولو.
20. خاطْرو رْجع للفقْر والجوع وضاع حُلْمو الكْبير.

1. Because he was poor and homeless.
2. He found it in the garbage in front of Bardo Museum.
3. Everyone started treating him as if he were a Bey.
4. First they kicked him out, then after wearing the fez they gave him their best suite.
5. He loved soup, brik, and kafteji.
6. Because he knew nothing about politics and grew up poor.
7. He dreamed of buying villas, cars, and getting married multiple times.
8. He had no home and slept on the street.
9. They loved it and applauded him, saying he understood the people.
10. They held a referendum and people voted for him to become Bey.
11. When he came to take the oath and the fez flew away.
12. They forgot him and returned to their normal lives.
13. Because the magical fez made people see him as a Bey.
14. He wandered the streets singing and looking for food in garbage.
15. He avoided answering their questions and evaded them.
16. They stayed silent and didn't oppose him, believing his talk about soup.
17. He ordered soup, kafteji, brik, salads, and everything available.
18. He said he was thirty-five years old.
19. He folded it in half and hid it under his shirt.
20. Because he returned to poverty and hunger and lost his grand dream.

Summary

Read the scrambled summary of the story below. Write the correct number (1–10) in the blank next to each event to show the proper sequence.

___ عملوا مْعاه لِقاء في التّلْفزة وقْعد يحْكي عالشّورْبة والماكْلة.

___ لْبِس الشّاشية والحْوايِج، وبْدات الكْراهِب والتّاكْسيات تْقفلّو.

___ طيْرِت الرّيح الشّاشية وضاع كُلّ شَيْ.

___ هْرب مِنْهُم وتْخبّى، وفْهِم إلّي الشّاشية سْحرية.

___ جا باش يْأدّي القسم في حفْلة رسْمية.

___ مْشى لِلوْتيل، كيف لْبِس الشّاشية عامْلوه كباي وضيْفوه.

___ لْقى شاشية حمْراء وحْوايِج عُثْمانية في الزِّبْلة قُدّام متْحف بارْدو.

___ أحْمد زوّالي يْدور في شْوارِع بارْدو في الشْتا يُرْعش مِالبرْد.

___ صار استِفْتاء باش يْبدْلو نِظام الحُكْم ويْوَلّي باي.

___ النّاس الكُلّ صدْقِت إلّي هُوَّ الباي وحبّوه.

Key to the Summary

6   They conducted a TV interview with him where he kept talking about soup and food.

3   He put on the fez and clothes, and cars and taxis began stopping for him.

10 The wind blew away the fez and everything was lost.

4   He ran away and hid, realizing the fez was magical.

9   He came to take the oath at an official ceremony.

5   He went to a hotel, where wearing the fez got him treated like a Bey and pampered.

2   He found a red fez and Ottoman clothes in the trash in front of Bardo Museum.

1   Ahmed, a poor man, wanders the streets of Bardo in winter shivering from cold.

8   A referendum was held to change the system of government and make him Bey.

7   Everyone believed he was the Bey and loved him.

Tunisian Arabic Readers Series

www.lingualism.com/tar

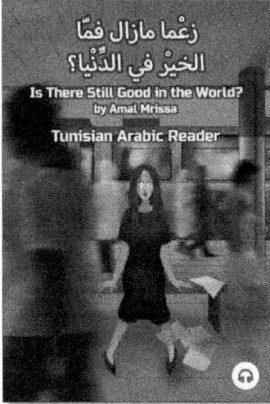

زعْما مازال فمّا
الخيرْ في الدِّنْيا؟
Is There Still Good in the World?
by Amal Mrissa
Tunisian Arabic Reader

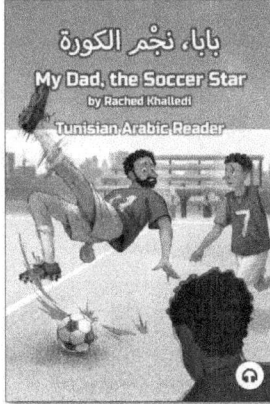

بابا، نجْم الكورة
My Dad, the Soccer Star
by Rached Khalledi
Tunisian Arabic Reader

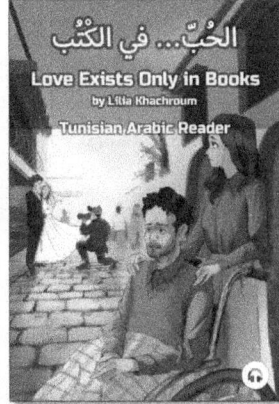

الحُبّ... في الكتُب
Love Exists Only in Books
by Lilia Khachroum
Tunisian Arabic Reader

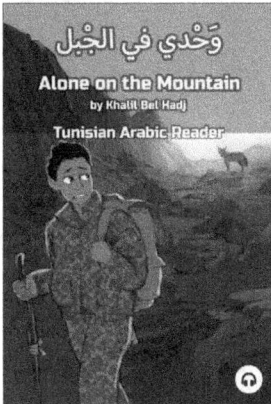

وَحْدي في الجْبل
Alone on the Mountain
by Khalil Bel Hadj
Tunisian Arabic Reader

Tunisian Arabic Reader
الشّاشية السِّحْرية
The Magic Fez
by Amal Mrissa

www.ingramcontent.com/pod-product-compliance
Lightning Source LLC
Chambersburg PA
CBHW072053040426
42447CB00012BB/3103
* 9 7 8 1 9 4 9 6 5 0 6 6 2 *